WOMEN & POWER
女性与权力

A MANIFESTO 一份宣言

MARY BEARD

[英] 玛丽·比尔德 著　刘漪 译

媒体评价

眼光犀利且机智幽默,这个自封的"吵吵嚷嚷的女人"证明了公共言说不再只掌握在男人的手中。愿她拥有更多的力量。

——劳拉·加梅森,《金融时报》

一部现代女性主义著作。

——雷切尔·库克,《观察家报》

来自一位热诚女性主义者的衷心呼喊,"敢于在公共场合发言"的女性应真正被聆听,这一完全合情合理的吁求提得对极了。

——《科克斯评论》

说得棒!

——杰奎琳·罗斯,《卫报》

特别让人开眼……解释了"厌女症"的机制及它为何如此富有活力。

——艾莉芙·夏法克

一份耀眼而有力的宣言。

——《纽约时报》

清晰,料足,颇具颠覆性且机智幽默。

——《旧金山纪事报》

致海伦·莫拉莱斯

目 录

前　言 // i

公共场域中的女性声音 // 1
女性与权力 // 45

后　记 // 90
参考文献和延伸阅读 // 107
致　谢 // 113

前　言

我们不要忘记，西方世界中的女性还是有许多值得庆祝之事的。当我母亲出生的时候，英国的女人还无法在议会选举中投票，然而她在有生之年就目睹了一位女性首相的就职。无论我母亲对玛格丽特·撒切尔个人的看法如何，她都为一个女人能够入主唐宁街 10 号感到高兴，也为她自己参与到了 20 世纪的一系列革命性变化中而自豪。与此前的世代不同，她可以既拥有一份自己的事业，同时又能结婚生子（而在她母亲那代人的观念里，怀孕则必然意味着要放弃教师的工作）。她生前是位极出色的校长，掌管着英格兰中西部地区一所规模很大的小学。我确信，对于她学校里的一届届男孩和女孩来说，她都是**权力**的化身。

但是我的母亲也深知事情并不是那么简单，

男性和女性间的真正平等还远未到来，而且在值得庆祝的进步之外，仍然存在着许多令我们有理由为之愤怒的事实。她一直遗憾自己没有上过大学（同时也心无芥蒂地为我有机会接受高等教育而感到高兴）。她也经常感到挫败，因为她的观点和意见没有如她希望的那样得到充分的重视。而且，尽管可能会对"玻璃天花板"这个比喻感到困惑，她也很清楚地意识到了这一点：在职业生涯中所抵达的位置越高，周围的女性面孔就越少。

这本书所收录的两篇演讲是应《伦敦书评》（*London Review of Books*）之邀，分别于2014年和2017年发表的。在准备这些演讲稿的过程中，我时常想到的就是我的母亲。我想搞清楚该怎么向她，以及向其他数以百万计的仍然面临类似挫败的女性解释——就像我在对自己解释那样——那些阻遏女性发出声音、拒绝认真对待她们，并且斩断（正如我们在下文中将读到的那样，有时确是在字面意义上"斩断"）她们与权力中心之间的联系的机制是多么深地根植于西方文化之中的。在这一点上,对古代希腊和罗马世界的了解,可以帮助我们更清楚地认识当下的世界。西方文化在"让女性闭嘴"这件事上,已经有了几千年的经验。

公共场域中的
女性声音

我的演讲，将从接近西方文学传统源头之处开始。这里有史上首个被记录下来的，一个男人叫一个女人"闭嘴"、禁止她在公共场合发声的案例。我指的是大约三千年前的荷马史诗《奥德赛》开篇那不朽的一幕。现在我们倾向于认为，《奥德赛》是讲述特洛伊战争结束后奥德修斯在归家途中历经的奇遇和艰险的史诗故事，而这几十年里他的妻子佩涅罗珀忠贞地等待着他，并勉力抵御众多求婚者的进攻。然而，《奥德赛》同时也是奥德修斯与佩涅罗珀的儿子特拉马库斯的故事：关于他的成长，以及他如何在整首诗的时间跨度里日渐成熟，从男孩变成男人的故事。这一过程肇始于全书第一卷。此时佩涅罗珀走出她私人的起居之所，来到宫殿楼下的大厅里，发现一个吟游诗人正在为她的一大群求婚者表演，歌唱的内容是希腊英雄们归家之路上遇到的重重磨难。她对此感到不悦，就当着众人的面请诗人改唱一首更欢快的歌谣。就在这时，年轻的特拉马库斯开口了。"母亲，"他这样说道，"回到楼上自己的房间里去，纺纱织布才是你分内之事……讲话是男人的事情，所有男人中又以我为最，因为此刻的一家之主是我，我掌握着整个家庭的权力。"于是佩涅罗珀就离开大厅，回到了楼上。

特拉马库斯当时只是个乳臭未干的小男孩，却会喝令佩涅罗珀这样一个精明练达的中年妇女噤声，这一幕颇有些荒诞之感。但它恰如其分地显示了早在西方文化最初的书写证据出现之时，女性的声音就被排除在了公共领域之外。不仅如此，在荷马的叙事里，一个男人成长历程的重要组成部分，就是学会掌控公共场合的言说，并阻止女性发声。特拉马库斯对词语的选择也同样说明问题。当他说"讲话"是"男人的事情"时，他用的词是 *muthos*——我们今天更熟悉由这个希腊词发展而来的 myth（"神话"）一词所具有的含义，但他并不是在这个意义上使用该词的。在荷马使用的希腊文中，它标志着权威性的、发生在

在图中所示的公元前5世纪雅典陶罐上，佩涅罗珀被呈现为坐在她的织机旁（在古希腊，从事织布活动是一名贤惠主妇的标志），而特拉马库斯站立在她的面前

公众领域里的言说，而非每个人——包括女人，或者说主要是女人——都能进行的那种闲谈。

让我最感兴趣的，是荷马史诗中这经典的"让女性闭嘴"的一幕，与我们当代文化和政治诸领域——从议会的前座（front bench）到工作车间——中某些使女性的声音无法被公众听到的方式之间的关系。刊载于往期《笨拙》（*Punch*）杂志上的一幅老漫画巧妙地戏仿了这种广为人知的对女性意见的漠视："特里格斯小姐，你的建议棒极了。或许在座男士们中的哪位乐意将它提出来。"我想反思这件事，与即使在今天，许多**的确**发出了声音的女性所遭到的欺凌间的可能联系。一直萦绕在我脑海里的一个问题就是，公开发言支持在钞票上印上一个女性的头像，推特上的强奸和斩首威胁[1]与特拉马库斯对

---

[1] 2013年，女性主义者卡罗琳·克里亚多-佩雷斯（Caroline Criado-Perez）为反对英格兰银行将其发行的纸币上印刷的唯一女性头像（女王除外）替换掉而发起请愿运动，最终使得后者决定在面值10英镑的纸币上印刷女性作家简·奥斯汀的头像。在此决定发布之后，克里亚多-佩雷斯在推特上收到了大量关于强奸和死亡的威胁信息。

"特里格斯小姐,你的建议棒极了。或许在座男士们中的哪位乐意将它提出来。"

近三十年前,漫画作者里安那·邓肯以这幅作品捕捉到了委员会或董事会上常见的性别歧视氛围。几乎没有哪个曾在会议上开口发言的女性,是从来没有经历过"特里格斯小姐时刻"的

佩涅罗珀的申斥，这三者究竟是什么关系？

我在这里的意图，就是要对女性声音与演说、辩论和评论的公共领域，即最广泛意义上的政治领域——从办公室中的委员会到议会大厅——之间文化上的尴尬关系，做一个历时性的审视，将其追溯到遥远的过往。我希望这一审视能够帮助我们不满足于仅仅做出"厌女症"这一简单的诊断，我们太容易因为懒惰就轻率地给事物贴上这个标签了事。当然，"厌女症"的确是描述正在发生的事情的一种方式。（如果你上了一个电视讨论节目，回来就看到无数条把你的生殖器官比作各种腐烂发臭的蔬菜的推特，你将很难找到一个比"厌女症"更贴切的词来形容这种行为。）但是如果我们想去理解女性即使在没有被噤声的时候也仍然需要为发表言论付出高昂代价这一事实，并为其做点什么的话，我们需要认识到事情有其更复杂的一面，以及这种状况背后存在一个长长的故事。

特拉马库斯的发火居前，在其后还有一长串贯穿了整个古典希腊和罗马历史始终且多半成功了的类似的企图，这些企图不仅是要将女性隔绝在公共言论之外，也包括对这种隔绝的炫耀。例如，在公元前4世纪初，阿里斯托芬用一整部喜剧将"如果由女人来管理国家"这一"令人捧腹的"幻想搬上了舞台。该剧的滑稽之处部分就在于，女性不懂如何在公众场合得体地说话——确切来说，她们无法使其私人领域里使用的语言（在这部剧里，她们的私人语言总是三句话不离性）与男性政治里高尚堂皇的言说方式相适应。在罗马世界里，奥维德的《变形记》（一部关于人们改变其外形的卓越的神话史诗作品，对西方艺术的影响之大可能仅次于《圣经》）也屡次提及这一主题：在女性变形的过程中，她的声音被剥夺了。可怜的伊娥被朱庇特神变成了一头母牛，因而失去了讲话的能力，只能发出"哞哞"声；而饶舌的宁芙厄科（Echo，"回声"）受到惩罚，从此她的声音不再属于她自己，成了机械地重复别人的话的工具。在沃特豪斯的著名画作中，她凝望着她恋慕的美少年纳西瑟斯（Narcissus），却无法与其交谈，而纳西

在这幅由戴维·泰尼耶所作的17世纪油画中,朱庇特把已经变成了一头母牛的可怜姑娘伊娥送给他的妻子朱诺,以打消她的疑虑,让她相信自己对伊娥绝无性方面的非分之想(这当然是谎话)

在约翰·沃特豪斯惊人的梦境般朦胧的笔触下,半裸的厄科无言地凝视着她的爱人——专注于自己池中倒影的"自恋者"纳西瑟斯(1903年)

瑟斯——"自恋者"（narcissist）一词就是由他而来的——则爱上了自己在池中的倒影。

公元 1 世纪时，一位诚恳的文选编纂者遍寻典籍只能找出三个"女人的本性导致了她注定无法在公共广场上保持安静"的例子。他的描述很能说明问题。第一个案例的主角是位名唤梅西亚（Maesia）的女子，她曾经成功地在法庭上为自己辩护。"因为她虽然具有女人的外表，本性上却是个男人，所以人们称她为'雌雄同体者'（androgyne）。"第二个案例则是关于阿弗兰尼亚（Afrania）的，她曾多次主动提起诉讼，而且竟然"放肆"到了亲自上庭申诉的地步，以至于每个人都被她的"吠叫声"（叙述者甚至没有使用"讲话"这一描述人类行为的用语）搞得不厌其烦。这位编纂者告诉我们，她死于公元前 48 年，因为"对这样一个不正常的怪胎来说，记录她什么时候死的，要比记录她什么时候出生更有意义"。

这种对于女性在公共场合发言的一贯鄙弃态度，在古典世界里只有两种主要的例外。首先，

公共场域中的女性声音

当女性作为受害者和殉难者出现的时候,她们会被允许发出声音,通常情况下,这都是其死亡的序章。书中经常描述早期的女性基督教徒高声坚持自己的信仰,然后走向狮子。另外,在一个广为流传的发生在罗马早期的故事中,贞女卢克丽霞被当时掌权的家族中一个残忍的王子强暴了,于是她得以发表了一场被载入史册的独白,在其中她谴责了施暴者,并在宣告自尽后随即践行这一决定(至少罗马的史家是这么写的,至于实际上究竟发生了什么,我们就无从得知了)。然而即使是这样一个痛苦的言说机会,也可能遭到剥夺。《变形记》讲述了一个年轻公主菲洛米拉被强暴的故事。为了避免她做出卢克丽霞式的指控,强暴她的人直接切掉了她的舌头。莎士比亚在其剧作《泰特斯·安德洛尼克斯》(*Titus Andronicus*)中借用了这个情节:剧中遭到强暴的女子拉维尼亚也被割去了舌头。

第二种例外则更为我们所熟知。偶尔,女人们也可以名正言顺地振臂一呼——为了维护她们的家园、孩子、丈夫,或是其他女人的利益。

这幅来自 16 世纪手抄本的插图描绘了卢克丽霞故事里的两个关键场景。上图中塞克图斯·塔昆正在袭击贞女卢克丽霞（他那整整齐齐地放在床边的衣服颇令人不安）；下图则是身着 16 世纪服装的卢克丽霞向她的家人控诉塔昆的罪恶

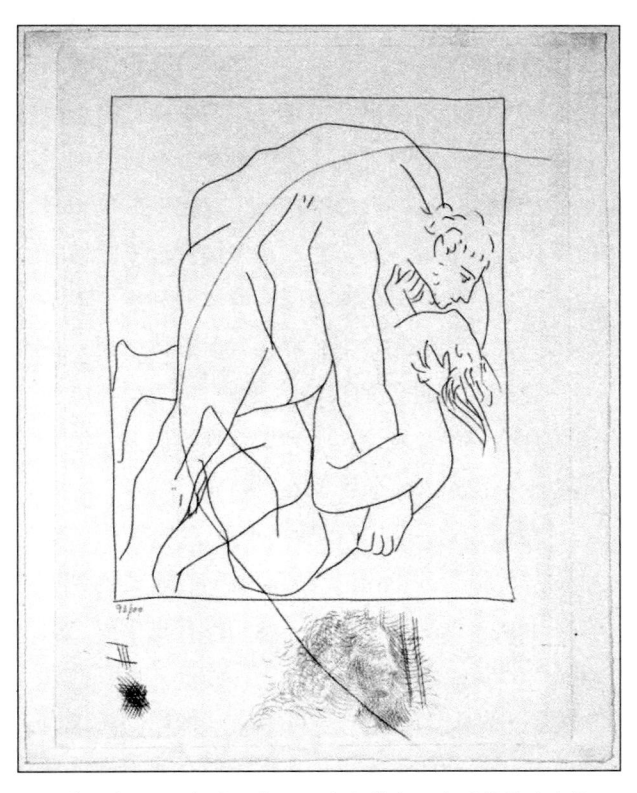

毕加索 1930 年的画作，画中忒柔斯正在强暴菲洛米拉

因此，上文那位罗马文选编纂者所讨论的第三个女性公开发表演说的例子，就是关于这样一位名叫霍滕西亚（Hortensia）的女子的。她得以这样做而不受谴责的原因是，她是在明确地代表全罗马的女人（而且只代表女人）发言，当时她们正被要求缴纳一笔特设的财产税，以资助某场相当值得怀疑的战事。换言之，在极端情境下女性可以公开捍卫她们自己作为一个群体的利益，但不能为男人，或是为整个社群代言。总体上说，正如一位公元 2 世纪的权威人士所言："女人应该谨防自己的声音被外人听到，就像她们需要特别小心不要在外人面前脱下衣服一样。"

然而，这一切的背后还有更多的东西。女性的"失语"并不仅仅反映着她们在古典世界里总体上缺乏权利这一状况：她们没有投票权，法律上和经济上都不能完全自主，等等。这只构成"失语"的部分原因 —— 既然古代的妇女无权拥有任何正式的政治筹码，那么她们在政治领域没有什么好说的，也就不足为奇了。但是，我们这里所讨论的这种将女性与公共言说的隔绝是更加

霍滕西亚出现在薄伽丘的《著名妇女录》（*On Famous Women*）中。在这个 15 世纪晚期的版本中，她被描绘为身穿 15 世纪服饰，正大胆地率领其女性手下前去质问罗马的当权者

活跃积极的一种，有着更加丰富的意涵。这种隔绝对我们的传统、我们的习俗和我们关于女性声音的许多潜在预设造成的影响，也比我们所能意识到的要大得多。我的意思是，公开发言和实践讲演术这些，并不仅仅是古代女性**没有去做**的事情；它们是专属于男性的活动和技能，男性这一性别身份通过它们得到定义。就像我们在特拉马库斯的事例中看到的那样，成为男性（或至少是成为精英男性）意味着对话语权的宣告。公共言说是男性身份的一个定义性特征——如果不是**唯一**的定义性特征的话。或者我们可以引用在罗马广为人知的一句口号，说一个标准的精英男性公民是一个 *vir bonus dicendi peritus*，即"擅于言辞的优秀的男子"。而在大多数情况下，一个公开发言的女人，按照定义，就已经不是个女人了。

我们看到整个古典时代的文献都一再强调：与女性的声音相比，浑厚低沉的男性嗓音中天然蕴含着权威性。一篇古代科学论文明确提出：低音调的嗓音是英勇的男子气概的指征，而高音调的嗓音则反映妇人气的怯懦。其他古典时期的作者也坚称，女性言说的声调和音色始终是个威胁，不仅会威胁到男性演说家的声音，更会威胁到整个国家的健康、社会和政治稳定。公元2世纪时的一位教师兼知识分子［他有个很直白的名字——狄奥·克里索斯通（Dio Chrysostom），字面意思是"金口"狄奥］请他的听众设想一个情境："整个共同体遭受一种怪异的折磨。所有的男人突然都变得只能用女性的嗓音说话，再也没有哪个男性——无论成人还是儿童——可以带着男子气概说出任何事情。难道这不是一场比任何瘟疫都难以忍受的可怕灾难吗？我敢肯定，如果这种事真的发生，人们会派遣使者前往圣所询问诸神的意旨，并试图用重礼使神灵息怒。"他并没有在开玩笑。

这并不是某个遥远的文化持有的怪癖观念——虽然在时间上可能距离我们的确很遥远。但是我想要强调，存在一个为言说赋予性别，并且将其理论化的传统，而我们今天仍然直接地，或更经常是间接地，承袭着这个传统。当然，我们也不必夸大其词。西方文化，无论在言说方面，还是在任何其他方面，都不是完全脱胎于希腊和罗马的（谢天谢地还好它不是，我们中没人会愿意生活在一个希腊-罗马式的世界里）。我们所受的影响种类繁多驳杂且相互间存在竞争，而我们的政治体系也已经恰当地颠覆了许多古代的性别定见。然而，我们所继承的关于辩论和公共演说的传统及其规则和惯例，仍然很大程度上笼罩在古代世界的阴影之下。成型于文艺复兴时期的近代（modern）修辞与说服技艺是明确地取材自古典时期的演说及指导手册的。我们用以分析修辞的术语可以直接追溯到亚里士多德和西塞罗（在唐纳德·特朗普的时代之前，人们经常指出贝拉克·奥巴马——或为他撰写讲稿的人——最精妙的把戏是从西塞罗那里学来的）。另外，19世纪那些制定或遵奉下议院中多数议事规则与程序的绅士们，其所受的教育也恰恰就是我前面提到的古典理论、信条和偏见那一套。重申一下，事情不简单是，我们是古典遗产的受害者，或是其盲从者，重点在于，古典传统为我们提供了一个强有力的用以思考公共言说、判定一场演讲的优劣和决定谁的话语应该得到机会被聆听的模式，而性别很显然是整个系统中重要的一部分。

只需略扫一眼近代西方——至少是20世纪之前——的演说传统，就能看到我前面强调过的许多主题一再出现。和在广场上为自己辩护的梅西亚一样，在公共领域宣告话语权的女性被众人当成不男不女的怪物，或她们自己看上去是如此看待自己的。一个著名的例子是伊丽莎白一世于1588年西班牙"无敌舰队"进犯之际，赴提伯利视察军队时发表的那篇斗志昂扬的演说。我们很多人都在学校课堂上读到过这篇演说的选段，其中伊丽莎白似乎断然宣称自己是雌雄同体的：

> 我知道，我只有一副柔弱女子的躯体，可我拥有一位国王，一位英格兰国王的决心与胆魄。

让年轻女孩子学习这样的口号，还挺不寻常的。

事实上，伊丽莎白很可能从未说过这样的话。我们既没有从她本人，或演讲文稿的作者手里拿到演讲的原稿，也没有目击者的第一手记录。现在通行的标准版本来自四十年后一个不可靠评论者的书信记录，而该评论者这样说有他自己的意图。然而，就我这里的论证目的而言，这句引文可能是后世编造出来的，反而让它更能说明问题了。它带来了一个有趣的曲折：身为男性的写信者将对雌雄同体的夸耀（抑或是告解）放进了伊丽莎白的口中。

如果我们把目光投向更为广义的近代演说传统，会发现它在容许女性在哪些领域进行公共发言这件事上，也沿袭着古典时代的规则，即：她们可以捍卫自己所在群体的特殊利益，或彰显自己的受害者身份。如果你去翻看类似"历史上的一百篇重要演说"这种名字的有趣辑录型手册，并查找其中由女性贡献的篇目，就会发现它们中的大多数——从艾米琳·潘克斯特[①]到希拉

[①] Emmeline Pankhurst（1858—1928），英国活跃的政治家，终生致力于为英国女性赢得公平的投票权。

19世纪英国教科书中经常出现的一幅"伊丽莎白在提伯利"的画作。画中女王身着精致轻盈、随风飘动的衣裙，周围簇拥着的全都是男人，还有长枪

里·克林顿在北京的第四届联合国妇女大会上的主题演讲——都是关于女性处境议题的。前奴隶、废奴主义者、美国女权运动家索杰纳·特鲁思（Sojourner Truth）于1851年所做的演讲《难道我不是个女人吗？》（*Ain't I a Woman?*），这篇可能是有史以来被收录进各类选集次数最多的一篇女性演说词，同样是谈论女性处境的。据说，在演讲中她说出了这样的话：

> 难道我不是个女人吗？我生下了13个孩子，然后看着他们一个个被贩卖为奴。我满怀一个母亲的悲伤痛哭失声，却只有耶稣听见！难道我不是个女人吗……

尽管这些词句产生了广泛的影响，但其真实性并没有比伊丽莎白的提伯利演说可靠多少。目前我们所看到的特鲁思讲稿官方版本，是在她实际发表演讲之后约十年才写成的。我们可以确定的是，这组著名的叠句并非她的原话，而是后来被编写者插入讲稿中的，同时此人还给整篇演讲

这幅照片摄于1870年,特鲁思已经年过七十。照片中的她看上去一点都不激进,反而像个相当冷峻而可敬的老妇人

的措辞都加上了南方口音特有的拖腔,以匹配文中的废奴主义意旨——尽管她本人其实来自北方,母语是荷兰语。我并不是要说,女性就女性议题发表言论在过去或是在现在的任何时候不重要(总**有人**要为女人说话),但问题是千百年来女性的公共发言都被"锁定"在这个范畴里。

就连这种许可,女性也并非总是能一贯地得到。无数的事例证明,将妇女的声音完全排除在公共言论之外的"特拉马库斯式企图"始终存在。近期一个臭名昭著的例子是美国参议院禁止伊丽莎白·华伦(Elizabeth Warren)发言和参与辩论——当她试图读出科丽塔·斯科特·金(Coretta Scott King)的一封信时。[1] 我怀疑,我们中很少有人足够了解参议院的辩论规则,来判

---

[1] 2017年2月,美国参议员伊丽莎白·华伦于美国司法部长的提名听证会上反对通过杰夫·塞申斯(Jeff Sessions)的提名,在辩论中引用科丽塔·斯科特·金(马丁·路德·金遗孀)写于1986年的一封信件中的内容。该信件反对当时的塞申斯担任联邦地区法院法官,提到塞申斯对公民自由行使投票权构成威胁。引用其言论的华伦被认为违反议事规则而遭投票禁言。

断这种操作究竟有多少程序上的合法性。但这些规则并没有阻止伯尼·桑德斯（Bernie Sanders）及其他参议员朗读同一封信，并且他们**没有被禁言**（诚然，他们是出于对她的支持才这样做的）。此外，文学作品中也有些令人不安的例子。

在亨利·詹姆斯出版于 19 世纪 80 年代的小说《波士顿人》(*Bostonians*) 中，一个重要的主题就是让年轻的女权活动家、演说家韦雷娜·塔兰特沉默。随着她与追求者巴兹尔·兰塞姆（詹姆斯特别强调了此人低沉浑厚的嗓音）走得越来越近，她发觉自己逐渐丧失了像从前那样在公共场合发言的能力。兰塞姆有效地将她的声音重新私有化了，坚持要她只对他一个人说话。"把你令人感到抚慰的言辞都留给我吧"，他这样说道。我们很难从小说中读出詹姆斯本人持何种观点——兰塞姆并不是个会让读者认同的角色——但在其散文中詹姆斯清楚地表明了他的立场：他写到过女性声音的污染性，称它会像疾病一样传播，并且对社会生活造成毁灭性影响。类似的言论，如果说出自一个公元 2 世纪的罗马人笔下也毫不稀奇（而且我们几乎可以确定詹姆斯的言论能够部分在古典传统里找到其源头）。他强调说，在美国妇女的影响下，语言将有成为"粗略笼统的嘟哝或呓语，口齿不清（tongueless）的唠叨、嚎叫或是呜咽"的危险；它将听起来与"母牛的哞哞声、驴子的嘶叫声和狗的吠叫声"毫无二致（注意tongueless这个词暗暗呼应了失去舌头因而不能讲话的菲洛米拉，母牛的叫声对应着伊娥，而吠叫声则是用来形容在罗马广场上发言的那位女性演说家的用词）。与詹姆斯看法类似的人还有很多。在当时堪称一场"捍卫美国语言恰当标准的圣战"中，另外一些同时代人将女性声音赞颂为"歌喉甜美的居家音乐"，同时彻底反对其在更广阔的世界中占有一席之地。另外还有相当多的言论痛斥女性"单薄、瓮声瓮气"的公开发言，以及她们的"鼻音、送气声、咕咕哝哝、哼哼唧唧等诸多声响"。"以我们的家庭、孩子、未来、民族荣誉的名义，"詹姆斯再次写道，"不要让我们的妇女变成那样！"

公共场域中的女性声音

当然,今天的人们再也不会使用如此不加掩饰的表达了,或者说几乎不会了。然而这一整套关于女性总体上不适合公开发表言论的传统观念——这套观念的核心可以追溯到两千多年前——仍然影响着我们今天看待公共场域中女性声音的方式,让我们对其感到别扭和不协调。以我们仍然在使用的描述女性声音的词为例,它们与詹姆斯或那些爱说教的罗马人的用词并没有多么不同。在女性公开声明立场的时候,为她们自己而战的时候,高声疾呼的时候,人们是怎么形容她们的?她们"咄咄逼人","喋喋不休","哭哭啼啼"。在读到一大堆关于我本人生殖器官的恶毒评论之后,我(自以为还挺勇敢地)发了一条推特,说这有点"令人目瞪口呆"了。该推特引起了一位为英国某主流杂志写作的评论员的注意,他是这样报道此事的:"'厌女症真是令人目瞪口呆',她哼哼唧唧地**哀鸣**道。"(就我在一次简要的谷歌搜索中得到的信息来看,经常被形容成在"哀鸣"的群体除了女人,就只有所执教的球队一大串连败后四面楚歌的英超足球经理了。)

计较这些措辞重要吗？当然重要，因为它们构成和强化了一种社会沿袭下来的思维模式，它消解女性话语中的权威、力量，甚至是幽默感。这种模式有效地将女性的位置再次放回到家庭领域之内（人们通常只会就洗洗涮涮的家务活发出"哀鸣"）；它让她们的言语显得无足轻重，或将其"重新私有化"。对比之下，经常用来形容男性嗓音的"低沉浑厚"，则仅凭这个词本身就足以令人将其与"深刻"联系起来。① 现在情况依然如此：当人们听到女性的嗓音时，他们不会将其听成一种具有权威的声音，换句话说，他们没有学会如何从女性嗓音中听出权威性；他们听不见 muthos。不仅声音如此，出于相同的理由，一副饱经风霜，或是皱纹遍布的男子面孔可能标志着成熟的智慧，而同样一副面容如果出现在女人的脸上，人们则只会觉得她已经是个"过期货"了。

　　同时，人们也不习惯将女性声音听成一个具备专业能力的声音，至少，在传统上涉及"女性

---

① 英文中形容声音低沉和意义深邃的词都是 deep。

群体的特殊利益"的领域之外是这样。一位女性议员可以成为女性和平权大臣（或教育大臣、卫生大臣），但这和成为财政大臣是两回事——迄今为止，英国还没有任何一位女性担任该职位。而且，在所有事务中我们都能看到，女性要进入传统上由男性主宰的那些话语场域，仍然面临巨大的阻力。想想杰奎琳·欧特利（Jacqui Oatley），她因为竟然胆敢离开篮网球场地，来到英国广播公司（BBC）的演播室成为《今日比赛》（*Match of the Day*）栏目的第一位女性解说员而遭受非议；或是想想在《问题时间》（*Question Time*）节目中出镜的女性，她们因讨论主流"男性政治"话题而遭到刻薄的讥嘲。让人一点都不感到奇怪的是，上面提到的那位指控我"哀鸣"的评论员，也宣称自己要主办一次"小型、轻松愉快的"评选活动，以选出"'问题时间'上出场的最蠢女嘉宾"。这项提议揭示了一个更富意味的文化关联：当一个不受欢迎、有争议性，甚至仅仅是与多数人想法不一样的意见从女人嘴里说出时，人们就会认为这显示了她的愚蠢。人们不会说我不同意

2016年接受荣誉学位时的杰奎琳·欧特利。她于2007年开始在《今日比赛》中担任解说员,在当时引发了一片激烈的反对声浪。有人说这是"对(男性)懂得节制的评论传统的侮辱",另一个人声称"以后一看见她我就换台"

这个意见，只会觉得说话的**女人很蠢**："抱歉，亲爱的，可是这件事你真的不明白。"我已经记不清自己有多少次被称作"一个无知的笨蛋"了。

这些态度、假定和偏见在我们的思维里已经根深蒂固。它们并不存在于我们的大脑中（**没有任何神经生物学证据表明我们会天然地认为低沉的声音比频率较高的声音更有权威性**），而是**存在**于我们的文化、我们的语言，以及我们几千年的历史里。而每当我们开始思考为什么国民政治中妇女的数量小得不成比例，为什么公共领域中她们的声音相对沉默，我们就必须想得更远——不仅仅去想某几位知名政客及其同僚在牛津大学布灵顿俱乐部里的所作所为，威斯敏斯特宫①的不当行为和"爷们儿"文化风气，甚至不能只去想在工作场合设立"家庭友好时间"和提供育儿服务（尽管这些也非常重要）。我们必须专注于这些更为基础的议题：我们已经习得的那种听取女性发言的方式，或是——让我们暂

---

① 英国议会召集地。

时回到前面提到的那幅《笨拙》上的漫画——我想称之为"特里格斯小姐问题"的这个问题上。问题并不是"如何能让她得到一个插话的机会",而是如何能让我们自己更加意识到,是哪些程式和偏见造成了我们"拒绝去听她说了什么"这一结果。

这些关于声音和性别的议题,很多都在"网络喷子"问题中,以及网络所承载和传播的敌意——从辱骂到死亡威胁——中有所体现。我们必须避免过于自信地对互联网的丑陋一面做大而化之之概括。这些丑陋行径呈现为多种不同的形态(比方说,他们在推特上讲话的方式和在报刊文章的评论栏里就不一样),而犯罪性质的死亡威胁和仅仅是"令人不悦"的性别攻击也不应被混为一谈。无论是刚刚失去十几岁的孩子而悲痛欲绝的父母,还是各类"名人"都会成为其攻击对象。但尽管不同机构估计的具体数字有些差异,有一点是很清楚的:这些网络攻击的实施者中，男性的数量远高于女性，而在被攻击者中情况刚好相反。每次我在广播或电视上发言，都会收到许多我们可以委婉地称之为"不恰当地带有敌意"的评论——也就是说，它们表现出了远超出恰当范围的批评，甚至不是在表达一种合理的愤怒——而我所经受的，和其他某些女性比起来，简直不算什么。

我确信，这类辱骂的成因很复杂，它们是由各种不同的因素驱动的。其中有些是小孩子在寻衅滋事，有些是醉汉的酒后胡言，有些是人们一时间情绪失控的产物（他们事后会为自己曾说过这些深感抱歉）。它们更多的是可悲而非恶毒。当我处于一种宽容善意的心境中时，我会想这些"网络喷子"中很多都是错信了推特这样的媒介大肆宣扬的虚假的民主许诺，因而感觉遭到了背叛的人。推特曾被认为能让我们直接接触到那些当权者，从而开启一种新的民主对话。但它根本不能实现这一点：首相或教宗并不会读到你在他们推特上的留言，就像他们也不会读到你写给他们的信件一样——而且大多数时候，官方账号上以首相的名义发表的推文甚至都不是其本人写的。首相怎么可能亲自写这些呢？（至于教宗会不会亲自发推文，我并不是很确定。）我怀疑，某些"网络喷子"的恶意言论，是在将这些虚假承诺带给他们的挫败感发泄到一个更易遭到攻击的传统目标（"一个大放厥词的女人"）上。我们始终要记住这一点，女性绝不是唯一会感觉自己"失语"的群体。

然而我越是注意看女性在网络上收到的威胁和侮辱，就越觉得它们符合我上面讲到的那些古老的模式。首先，无论你具体持何种立场，只要你作为一个女人，胆敢进入传统上由男性把持的那些领域，就必然遭到辱骂。招致攻击的并不是你**所说的话**，而是**你在说话**这个事实本身。那些威胁的内容和细节也印证了这点。它们通常都包含一套相当固定的"菜单"：强奸、爆炸、谋杀，等等。（别看我现在说得轻描淡写，当你深夜读到这些时候，还是会感到恐慌的。）但同时它们中有相当大的一部分旨在让那个女性沉默。"闭嘴吧，你这个臭女人"这句出现得相当频繁。或者它们声言要剥夺女性讲话的能力。"我要把你的脑袋砍下来,然后弄坏它",我收到过的一条推特留言里这样说道。一名美国记者在推特上收到的威胁,来自一个叫作"砍了头的雌性猪"的账号。还有另外一个女性收到了"应该有人去拔了你的舌头"这样一条留言。

这些留言和推文,以其粗鲁暴力的方式,表达了要把女性从男性话语中隔离或驱逐出去的意图。我们很难不去注意到,推特上这些疯子们的大肆发泄——他们中的大多数也就是发泄罢了——与下议院中那些男议员大声打断女议员的发言,以至于你都听不清她们说了什么这两种行为之间,存在着某种模糊的关联。(在阿富汗的国会里,当他们不想听到女人说话时,似乎可以直接切断她们的麦克风。)具有讽刺意味的是,当女性受到这类攻击时,人们好心建议她们采取的策略,往往都正合了攻击者的意,即让她们闭口不言。你被告知:"别跟那些'喷子'正面冲突。""不要理会他们,他们巴不得你关注呢。""拉黑然后就当什么都没发生就行了。"这些话让人莫名想到"别把事闹大,忍一忍就过去了"这条旧时经常用来劝说妇女的金玉良言,而且可能会让攻击者得到更大的发挥空间,可以肆无忌惮地继续辱骂而不受挑战。

诊断的部分已经说了这么多:那么现实中有没有什么解药呢?和大多数女性一样,我也很希望知道。无论在哪里——办公室、委员会召集处、议事厅、研讨会或是下议院——只要有几个女性朋友或同事聚在一起,她们就必然曾谈论过某种日常层面上的"特里格斯小姐问题"。怎么让我的观点被人听见?如何让人注意到我的提案?该做什么才能参与到讨论中去?我相信,某些男人也有同样的困扰,但如果说有什么东西能将所有背景、所有政治倾向、身处各种各样的生意或职业中的女性联系在一起的话,那就是她们所共享的这种古老的经验:提出意见却无人理睬。你在会议上发表了一个观点,然后四周突然一片沉默。这尴尬的几秒钟过去后,某个男人开始接着讲他之前就打算讲的话:"我刚刚想说的意思是……"你还不如自始至终不开口,结果你只能在心里责怪自己，也责怪那些似乎把讨论会当成他们专属俱乐部的男人们。

那些最后想方设法得以让自己的声音被听见的女人们，采取的经常是某种"雌雄同体"路线，就像梅西亚在广场上或伊丽莎白在提伯利所做的那样，有意识地模仿男性修辞的某些方面。比如，玛格丽特·撒切尔曾专门做过声音训练，以让自己惯于以更低沉的声线讲话，因为其顾问团体认为她女性的尖细嗓音不够有权威感。如果该策略的确见效的话，攻击它似乎显得吹毛求疵了。但所有这一类的技巧和策略都容易使女性感到自己仍然是局外人，只是在冒充一些并不为她们所拥有的修辞角色。更直白地说，让女性假装成男性来分有男性的权力，或许是个短时间内便捷的法子，但并未触及问题的本质。

我们需要在更基本的层面上反思我们的修辞活动所依据的规则。这里我不是在重复那句老生常谈的俗谚——"说到底，男人和女人讲的是两种不一样的语言"（如果事实的确如此，那也一定是因为从一开始他们就**被教会**去说不一样的语言）。另外我也当然不觉得我们需要沿着"男人来自火星，女人来自金星"这类大众心理学的路子走下去。我有一种直觉，如果我们想在解决"特里格斯小姐问题"上有所进展，就需要回到那些有关话语权威性之本质的第一原则上去——思考这种权威性由什么要素构成，以及我们是如何习得从某些声音中听到权威的。我们应该更多反思占据主导地位的男性话语背后的裂痕和断层，而非将女性推入声音训练师的课堂，催促她们去精心打造一把低沉沙哑的完美人工声线。

在这件事上，我们仍然可以从希腊和罗马人那里借鉴一些东西。诚然，对我们今天在看待公共言说时所带有的这种严重性别化的预设，即男性的 muthos 与女性的沉默，古典文化要负一部分的责任。但同时古典时期也有一些作者，对这些预设做过比今天的我们远更深入的反思：他们富有颠覆性地意识到了其中的利害，为其简单粗暴感到不安，并暗示出对它们的抵制。奥维德或许是断然地让他笔下的女性在形态变化或肢体毁损的过程中失语，但他也暗示交流并不限于开口讲话一种方式，而要让女人彻底缄默也没那么容易。菲洛米拉失去了舌头，却仍然能将事情的始末织进锦缎，以此方式对其强暴者发起指控（这也就是为什么莎士比亚笔下的拉维尼亚不仅仅被割去了舌头，还要被砍断双手）。最敏锐的古代修辞理论家都愿意承认，男性演讲中的那些最精妙的说服技巧，令人不安地接近（他们眼中）女性的诱惑手段。于是他们担忧到，演说是否还那么确定无疑地是一项男性的活动。

一条格外血腥的轶事向我们生动地揭示出，在古代公共生活和演说的背后存在着一场难解难分的性别战争。在继公元前44年凯撒遇刺而起的罗马内战中，马库斯·图留斯·西塞罗——整个罗马世界里出现过的最强演说家和辩论家——被以私刑处死。杀手们继而得意扬扬地将他的头和手割下来带回了罗马，钉在广场的演讲平台上示众。据传，就在这时马克·安东尼的妻子富尔维亚——西塞罗生前发起的很多极具杀伤力的论辩都曾攻击过她——也特地来到了

爱德华·伯恩-琼斯于1896年对这一场景做了特别"中世纪"风格的描绘,画中失去了声音的菲洛米拉将她被强暴的遭遇织在了其身后的布上

这幅由帕维尔·什韦多姆斯基创作于19世纪80年代的画作色情得令人不适，画中的富尔维亚正淫荡地盯着西塞罗的头颅——她似乎将他的头颅带回了家中

广场。她看到西塞罗的头颅后，取下发间的别针对着死者的舌头一阵猛戳。这是一幅令人不安的奇异画面：一种典型的女性饰物被用作武器，来攻击男性生产其言辞的核心之所在——堪称菲洛米拉故事的反向版本。

在这里，我指向的是一个具有批判性自觉的古代传统：它并没有直接挑战我之前概述的那个基本模式，而是致力于揭示该模式中的矛盾和悖谬，并且试图提出更大的、关于言说之本质和目的的问题——无论讲话的是男性还是女性。或许我们应该由此得到启示，并力求使那些通常被人们搁置不谈的问题重新进入大众的视野，比如我们应该如何在公共场合讲话，谁的声音更适于这类场合，以及为什么会是这样。我们需要唤起人们对何谓"富有权威的声音"，以及声音中的权威性是如何被建构出来的这类议题的反思意识。我们需要弄清楚这件事，之后我们的现代佩涅罗珀们才能知道如何回应特拉马库斯——或者干脆决定借给特里格斯小姐一些别针。

女性与权力

1915年，夏洛特·珀金斯·吉尔曼发表了一篇风趣而富有颠覆性的小说《她乡》(*Herland*)。正如这个标题所暗示的那样，这是篇关于一个女性国度——而且里面只有女人——的幻想故事，这个国度位于地球上某个遥远的、之前不被外界所知的地方，已经存在了两千年之久。妇女们在其中为自己建立起了一个尽善尽美的乌托邦：环境整洁规律，人们互相协作，社会稳定和平，就连猫都不再捕杀鸟儿了；从可持续发展的农业、美味的食物，到社会服务和教育，她乡中的一切都安排得精妙绝伦。而这一切都取决于一个奇迹般的创举。在她乡历史的开端，其建国之母们以某种方式设法完善了单性生殖技术。作者并没有详细给出此事的具体操作细节，总之那里的妇女们只会生出女孩，并且完全无需男性参与。在她乡，性是缺席的。

> **HERLAND**
>
> **Charlotte Perkins Stetson Gilman**

这幅《她乡》的封面抓住了吉尔曼小说里那种奇异的乌托邦式幻想的氛围，以及其中的 20 世纪初特有的种族主义和优生学色彩

故事从三个美国男性发现了她乡，打破了那里与世隔绝的宁静开始。他们分别是范戴克·詹宁斯，小说的第一人称叙述者，也是一个"好男人"（nice-guy）；杰夫·马格雷夫，与女性打交道时习惯性献殷勤的表现差点毁掉了他在她乡妇女们眼里的形象；还有一个是的确很糟糕讨嫌的特里·尼科尔松。当他们刚刚来到她乡时，特里拒绝相信这一切的背后没有男人在操控和掌管，因为说到底，你能想象妇女们自己治理好任何东西吗？到了最后不得不承认这的确全是妇女们的成就时，他仍然认定她乡需要那么一点性和男性卓越的掌控能力。在故事的结尾，特里灰溜溜地被遣送出境，因为他试图寻求在卧室里"掌控"一位她乡女性而捅了娄子。

这个故事里充斥着各种反讽。珀金斯·吉尔曼在整本书里所开的一个玩笑在于，她乡的女人们竟完全没有意识到自己做出了多么了不起的成就。她们独立创建了一个完全值得为之骄傲的典范国家，但一到面对那三个不请自来的男性访客——三个要么毫无骨气，要么卑劣混账的烂人——之时，她们却倾向于向男人们的能力、知识和专业技能低头，而且还对外面的男性世界略带敬畏。尽管她们实现了一个乌托邦，但却感觉自己似乎搞砸了一样。

但是《她乡》也指向了更大的一些问题，关于我们如何辨认出女性的力量，也关于那些我们讲给自己的关于女性力量的故事——这些故事有时滑稽风趣，有时耸人听闻，而至少在西方，我们的确几千年来一直在讲述这样的故事。我们看待那些执掌权力或试图这样做的女人们的方式是如何习得的？盛行于政界或职场中的厌女症背后有怎样的文化背景，又属何种形态（厌女倾向体现为多种形态，它们针对不同的人和事，通过不同的措辞和意象表现出来，并产生不同的效果）？我们所持有的、传统上对"权力"的定义（或者，说到这个，对"知识""专业能力"或"权威"的定义也一样）是如何，以及为什么将女性排除在外的？

很幸运的是，与仅仅十年前相比——更不要说与五十年前相比了——今天，有更多的女性占据了人们公认"有权力的"位置,无论是政客、议员、警察厅厅长、经理、首席执行官、法官,还是别的什么。尽管拥有这些职位的女性数量还明显少于男性,但已经有了很大的**增长**。(随便举一个例子:20 世纪 70 年代,英国国会议员中女性只占 4% 左右,现在则占约 30%。)但我要强调的基本前提是,我们关于一个"有权力者"该是什么样子的心理和文化范本仍然无可动摇地属于男性。如果我们现在闭上眼睛,并试图在脑海中勾勒一名总统,或者——让我们进入知识经济的领域——一位教授的形象,我们中大多数人眼前浮现的不会是一个女人。即使你本人**正是**位女教授也一样:文化赋予我们的刻板印象是如此强大,以至于在"闭目遐想"这个层次上,**我仍然很难想象我自己**,或某个像我这样的、扮演我现在的社会角色的人。为了确保自己得到的是人们想象中的、源自文化范本而非实际的例子,我用谷歌英国的图片搜索功能查找了 cartoon professor("教授的卡通形象")这个关键词,"英国"这一限定是为了排除掉美国的影响（在美国，professor 一词的定义与英国有些不同）。于是发现，搜到的前一百个结果里只有一个女性：《精灵宝可梦农场》游戏中的霍莉教授。

换言之，对于一个强大的女人该是什么样子的，我们的文化没有提供任何范本——除了她看上去颇像个男人。从安吉拉·默克尔到希拉里·克林顿，众多女政治家都一贯穿着衫裤套装，或至少一贯穿裤子而非裙子。这可能是个实际而便利的选择，或者可能是为了传达这样的信息：她们拒绝成为花瓶——这是男性政治家的妻子通常扮演的角色。但它同时也是一个简单的技巧，与故意采用低沉的声线讲话一样，裤装会使女性看上去更男性化，因而更适合占据手握实权的位置。当伊丽莎白一世（或那个编造了她著名讲话的某人）说出自己拥有"一位国王的决心与胆魄"时，她对这其中的游戏规则了如指掌。也正是"女性与权力天然不相容"这一观念，使得梅丽莎·麦卡锡（Melissa McCarthy）在《周六夜现场》(*Saturday Night Live*) 上对前

安吉拉·默克尔和希拉里·克林顿,两个人都穿着"女性政治家的制服"

白宫新闻秘书肖恩·斯派塞（Sean Spicer）的戏仿如此有力[1]。有种说法是，这比大多数针对其本人的政治讽刺都更让特朗普总统恼火，因为据"总统身边的可靠信源"所讲："他不喜欢他的手下显得软弱。"对这句话稍加分析，就能发现它实际上是在说，他不喜欢他的男性手下被女人嘲弄，并且被扮得像女人一样。"软弱"自带"女性"属性。

由此可以看出，女性的位置仍然被视作在权力之外。不管我们是真诚地希望她们能够进入权力领域，还是通过各种常常是无意识的手段，将她们中成功打入权力领域的那些人定义成侵入者（我还记得从前剑桥的大多数学院里，女厕所都被塞到了两个院子另一头的地下室里，需要穿过长廊，走下楼梯才能找到：我怀疑这个安排当中是否包含着某种信息），我们共享的那些关于女性得到机会去获得权力的隐喻，如"敲开大

---

[1] 自2017年2月起，美国女演员梅丽莎·麦卡锡多次在节目中戏仿后者。麦卡锡扮演的斯派塞的第一次登场是这样的：一个嚼着口香糖、对着记者大放厥词的找麻烦的角色。

门""冲击壁垒""打破玻璃天花板",或仅仅是"助她们一臂之力",都在各种意义上强调了女性身处权力领域之外的位置。获得权力的女性被视作打破了界限,甚或是获得了她们本来不大配享有之物。

《泰晤士报》(*The Times*)2017年初的一则头条新闻的标题极好地抓住了这个讯息。一篇报道伦敦警察厅厅长、BBC单一董事会主席和伦敦教区主教三个职位可能都将由女性担任的文章,其标题为"教会、警局和BBC:女性即将攫取权力"。[克雷茜达·迪克(Cressida Dick)最终出任伦敦警察厅厅长,是三个预测中唯一最后成真的。①]当然,头条标题作者的本职工作就是去"攫取"人们的注意力。但即使如此,可以将一个女人成为伦敦教区主教的前景形容成**"攫取权力"**这个想法,以及成千上万的读者在看到该标题时可能连眼皮都不会抬一下这个事实,确定无疑地表明了我们需要更认真地审视自

---

① 在本书英文版出版5个月之后,萨拉·马拉利(Sarah Mullaly,一位女性)就任伦敦教区主教。

己关于女性和权力之关系的文化预设。开设职场育儿服务、"家庭友好时间"、培训计划等这一切实际的安排在为女性赋能方面都很重要,但只做这些还远远不够。如果我们想要在权力结构中给予整个女性性别,而非寥寥几个意志格外坚强的个体以一席之地,就必须更认真地思考我们如何看待她们,以及为什么这样看待她们的问题。如果存在一个使女性失去力量的文化模板,它究竟是什么样子的,又从何而来呢?

在这个问题上,开始反思古典世界或许能够有所助益。或许我们都没有意识到,我们今天用来描述处于权力体系内外的女性的语言和古希腊人的用语有很多共性,其相似程度有时令人震惊。初看上去,希腊的神话和故事中似乎有一长串令人印象深刻的强大女性。而在现实中,古代的女性并没有正式的政治权利,而且只有很有限的一点经济和社会独立性;在某些城邦里,例如在雅典,"体面的"精英阶层已婚妇女很少出现在家庭之外的地方。然而,无论是狭义上的雅典戏剧,还是广义上的希腊文学想象,都向**我们**呈现了一系列令人难忘的女性角色：美狄亚、克吕泰涅斯特拉、安提戈涅，等等。

不过，她们可不是什么好榜样——甚至跟好榜样根本不沾边。大多数时候，她们对权力的使用都被描述为一种滥用。她们以不正当的方式获取权力，并会招致混乱，使国家分崩离析，带来死亡和毁灭。她们是畸形的杂糅怪物，在古希腊的意义上根本算不上女人。而且她们的故事有着不可动摇的内在逻辑：这样的女人必须被剥夺权力，赶回到她们应在的地方去。事实上，正是女性在传说中行使权力造成的混乱，才为在现实中将她们排除出权力领域之外，由男性进行统治提供了合理性基础。（我忍不住要想，珀金斯·吉尔曼在《她乡》中让她乡的妇女们相信自己把事情搞得很糟，有那么点儿戏仿这个逻辑的意思。）

如果读一下现存最早的古希腊悲剧之一，首演于公元前458年的埃斯库罗斯作品《阿伽门农》(*Agamemnon*)，你就会发现其中的反派女主角克吕泰涅斯特拉以一种骇人的方式，成了上述意识形态的缩影。在剧中，她的丈夫去参加特洛伊战争了，这使她成了城邦的实际统治者，而在这个过程中她就失去了女性身份。埃斯库罗斯提及她时频繁使用指称男性的词汇和形容男性气质的修辞。举例来说，在全剧开头的几行里，她的性格就被描述为 *androboulon*——这个词很难在英语里找到确切的对应，它的意思接近"带有男子气概的决断的"或"像男人一样思考的"。而且，克吕泰涅斯特拉所不正当地攫取的权力，自然要被用来实现她毁灭性的目的：她在阿伽门农归家之后，将其在浴室里杀害。只有当克吕泰涅斯特拉的孩子杀死了她之后，父权秩序才得到恢复。

在关于阿玛宗女战士的故事中，也能看见相似的逻辑。据古希腊作者记载，这是一个传奇的全女性部族，生活在希腊世界北部边界附近。她们比她乡中那些和平的居民更暴力尚武，这一可怕的军事力量对希腊，以及希腊男人们建立的文明社会始终构成一个威胁。大量的现代女权主义者都把精力白白浪费在了证明该部族曾一度真实存在这件事情上，毕竟历史上曾有过一个全然由

弗里德里克·雷顿于19世纪晚期创作的雕像般的克吕泰涅斯特拉，其粗壮的手臂和中性化的服饰体现出她男性的一面

女性，且全然为了女性统治的社群这一可能性看上去极其诱人。他们尽可以继续做梦，但残酷的真相是，这只不过是希腊男性制造出来的神话。其传达的基本寓意是：只有一个死掉的阿玛宗女战士，才是一个好的阿玛宗女战士，或者她们也可以不死，如果——这让我们想到了《她乡》里那个烂人特里——她们在卧室里被男人掌控了的话。其背后的观点是，将文明从女性统治的灾难中拯救出来，是男性的责任。

诚然，偶尔也的确有这样一些例子，其中对古代女性行使权力的呈现要更为正面。现代剧场中经常上演阿里斯托芬的一部喜剧，它的原名已佚，现在我们通常用其中女主角的名字"吕西斯特拉忒"指代它。这部诞生于公元前 5 世纪末的剧作，直到现在仍然受到很多剧团的青睐，因为它完美地结合了"高眉"的古典学、兴高采烈的女性主义、对停止战争的呼吁，其间还点缀着一些黄段子（杰梅茵·格里尔[1]曾经翻译过这部

---

[1] Germaine Greer（1939— ），澳大利亚女性主义作家，被认为是20世纪下半叶第二次女性主义浪潮的代表人物之一。

在公元前5世纪的陶罐上发现的阿玛宗女战士和希腊人战斗的场景。其中阿玛宗人穿着的是相当于我们现在的"花纹连身衣"的服饰，或者是漂亮的束腰外衣和紧身裤。在一个古代人眼里，这种打扮会让他们联想到希腊人现实中的死对头：波斯人

最后一眼的钟情（love at last sight）。在这幅公元前6世纪的陶罐彩绘上，希腊英雄阿喀琉斯杀死了阿玛宗女王彭忒西勒亚——当他将长矛刺入她的身体时，他们坠入了爱河。太迟了戏)。该剧是关于一次"性罢工"的故事,其背景并非想象出来的神话世界,而就是当时的古代雅典。在吕西斯特拉忒的带领下,雅典的妇女们试图通过拒绝与之同床的手段,来胁迫她们的丈夫结束与斯巴达旷日持久的战争。在全剧的大多数时间里,男人们的阴茎都显著处于勃起状态,这给他们造成极大的麻烦(这个设定增加了扮相上的喜感,同时也给该剧的服装设计出了道难题)。最终,当他们胯下的累赘变得实在无法忍受时,男人们不得不屈服,于是就与斯巴达讲和了。你或许会想,这是"女孩力量"体现得最为淋漓尽致的一次。城邦的守护神雅典娜也经常被推出来扮演正面角色。她也是个女性这一简单的事实,难道没有暗示着在古希腊人的想象里,对女性影响的场域存在着更为复杂微妙的观念么?

恐怕我的答案是否定的。如果你不仅仅满足于表面情节,而是将其放到公元前 5 世纪的语境之下的话,《吕西斯特拉忒》会呈现出完全不同的另一副样子。这并不仅仅是因为(根据雅典当时的习俗)最初的演员和观众全部由男性组

在 2015 年演出该剧时,某剧院将著名的"女子铆钉工罗西"(Rosie the Riveter)[①]和一名古希腊女性的形象合为一体,放在了《吕西斯特拉忒》的宣传海报上——渲染了这部剧的女性主义色彩

[①] 美国女性主义和女性经济力量的文化标志,来源是第二次世纪大战期间替代参战男性到工厂和造船厂等地工作的女性形象。

如何表现《吕西斯特拉忒》中性饥渴的男人们勃起的阴茎，是很多剧组的服装部门都要面临的挑战。这是近期一次演出中人们选择的解决方案：一个瘦长的挤压瓶

成——里面的女性角色可能是男性穿上女装扮成的,就像童话哑剧里的妇女一样。也因为这样一个事实:在全剧的最后,女性力量的幻景被彻底粉碎了。最后一幕中,在达成和约之时,一个裸体女性(或更确切地说,一个以某种方式装扮成裸体女性的男演员)被抬到舞台上,和谈双方把她的身体当成一幅希腊地图,以一种令人感到不适的色情方式象征性地在她身上划定了双方的疆界,一部分归雅典,余下的则归斯巴达。这可算不上什么"原始女性主义"。

至于雅典娜,诚然,在教科书里的希腊神祇列表中,男神和女神总是截然分开的("众神之王宙斯;宙斯的妻子,天后赫拉"),而雅典娜出现在其中"女神"这个分类里。然而在古典世界的语境中,关于她身份的一项至关重要的属性,就是她也属于那些难以归类的杂糅体之一。在古希腊人的理解中,她根本就不是一个女性。首先,她着战士装束,而在当时作战完全是男性的领域(当然,阿玛宗女战士之所以被视为巨大威胁,背后原因也在于此)。其次,她是处子之身,而女性存在的意义就在于她们能够生育新的公民。另外,她自己甚至不是由母亲所生,而是直接从其父亲宙斯的头中跳出来的。无论她本人的性别为何,雅典娜几乎像是让人们瞥见了一个男性世界的理想形态:其中绝不仅仅是女性被迫安于自己的位置,而且甚至她们完全不需要存在。

这点虽然简单,却很重要:在我们所知的西方历史的最早阶段,无论在现实、文化还是想象之中,女性和权力间都存在一种彻底的分离。而雅典娜服装上的一件配饰在我们今天的世界里重新提起了这一分离。在这位女神的大多数雕像或画像中,位于她盔甲的正中央,镌刻于胸铠之上的是一个以盘曲蠕动着的毒蛇为发的女性头颅。这个头颅的主人是传说中的戈尔贡三姐妹之一美杜莎(Medusa),而美杜莎的故事是男性消除(女性行使权力所极易导致的)毁灭性危险这一主题在古典时期最有力的象征之一。美杜莎被斩首,且其头颅被雅典娜这个彻底"非女性"的女神作为饰品,骄傲地在胸铠上炫示,这都绝非偶然。

美杜莎的故事在古代有很多不同的变体。一

在这个公元前6世纪的陶罐上,雅典娜被表现为直接从宙斯的头中生出,而其他的男女神祇们在旁观看。这个看似疯狂的希腊神话传达了一个重要而尴尬的信息:在一个完美的世界里,就连生育都可以不需要女性

罗马人制作的帕特农神殿里雅典娜女神像的微缩版复制品。从盾牌、胸铠到手中象征军事胜利的标志,这个小雕像抓住了她的男性特征。置于她胸铠正中央的就是美杜莎的头个著名的版本是,她本来是一位美丽的女子,在雅典娜的一座神庙中被波塞冬强暴了。作为对这一亵渎行为的惩罚,雅典娜当即将她(注意被惩罚的对象)变成了一个怪物,任何直视她的脸的人都会被石化。后来,英雄珀尔修斯接到了杀死美杜莎的任务,他将自己闪亮的铠甲当作镜子,砍下了美杜莎的头而没有直视她的脸。起初,他把美杜莎的头颅当作武器,因为即使在死后,它也保留着石化能力。然后他将头颅献给了雅典娜,后者将它放在了胸铠上(其含义之一是警告人们:小心,不要太过放肆地直视女神尊容)。

几乎不需要弗洛伊德的帮助,我们就能看出美杜莎的蛇发暗示着篡夺雄性阳具力量的意图。故事反映的还是那个经典的神话主题:男性的支配地位通过暴力镇压女性的不正当权力而再次被申明。整个西方的文学、文化和艺术都在不断回到这一主题。美杜莎鲜血淋漓的头颅在现代画家的杰作中一再出现,通常隐含着关于艺术家表现一个不可直视之物的能力问题。1598年,卡拉瓦乔绘制了一幅惊人的画作,据说他是把自己的脸嫁接到了美杜莎被斩下的头颅之上。那张脸惊恐地尖叫着,血流如注,而头上的蛇发仍然蜷曲蠕动。几十年之前,本韦努托·切利尼雕塑了一尊大型珀尔修斯青铜像,该铜像现在仍矗立在佛罗伦萨的市政广场上:珀尔修斯双脚踏在美杜莎残缺不全的尸体上,将她的头颅高高举起,再一次地,艺术家描绘了血和黏液从头颅断开处喷涌而出。

令人惊异的是,即使到了今天,美杜莎的斩首仍然是与女性权力为敌者所选取的文化象征之一。安吉拉·默克尔的面容就被屡次置换到卡拉瓦乔画作的脸上。在一次较为愚蠢的此类攻击事件中,警察联合会主办杂志上的一篇专栏将当时任内政大臣一职的特雷莎·梅唤作"梅登黑德[①]的美杜莎"。而《每日快报》(*Daily Express*)对此的回应是:"美杜莎这个比喻实在过火了一点——我们都知道,梅女士一向注意打理她的

---

① Maidenhead,英国大选选区之一。自 1997 年选区建立以来,一直是保守党的特雷莎·梅代表该选区并担任国会下议院议员。

英雄的胜利还是残暴的厌女症？在本韦努托·切利尼的雕像中，珀尔修斯双脚踏在美杜莎残缺不全的尸体上，将她的头颅高高举起。这和其后的一座表现阿喀琉斯粗暴地劫走特洛伊公主的雕像正好配成一对发型。"无独有偶，在2017年的工党年度会议上人们纷纷传阅的一则"梅杜莎"（Maydusa）漫画，也采取了同样的创意，将梅画成了满头蛇发的女妖形象。然而，和迪尔玛·罗塞夫的遭遇相比，梅经历的这些就算不上什么了。罗塞夫的不幸在于，她任巴西总统时，不得不主持在圣保罗举办的一场大型卡拉瓦乔画展的开幕活动。展品里自然包括著名的《美杜莎》，而罗塞夫恰好站在那幅画面前的一幕，被许多有心的摄影者视为千载难逢的抓拍机会。

不过，在希拉里·克林顿那里，我们才得以看到美杜莎主题攻击最凶猛、最下流的一面。特朗普的支持者会制造出一大批她头上长满毒蛇的图片，这完全在意料之中。但这些图片中更恐怖也更令人印象深刻的那些，采用的底本是切利尼的美杜莎铜像，它比卡拉瓦乔的油画更适于此情景，因为它并不只是一个头像，它还包括战胜和杀死了美杜莎的那个男性英雄的身影。你需要做的一切仅仅是把珀尔修斯的脸改成特朗普的，再给他手里的美杜莎头颅换上克林顿的五官（我猜是出于某种美学考虑，珀尔修斯脚下踩着的那具残缺的尸体被省略掉了）。诚然，如果你细心扒梳互联网上的那些更阴暗、边缘、无人问津的角落，你也会找到一些丑化奥巴马的宣传画，但你得专门去那些地方找才行。的确，美国电视节目中也曾出现过以"把特朗普本人的头砍了下来"为笑点的讽刺噱头，但在该案例中，涉事的（女性）喜剧演员因此而丢了工作。相比之下，这幅珀尔修斯 - 特朗普高高举起美杜莎 - 克林顿喷射着鲜血和脑浆的头颅的宣传画却被传得铺天盖地，已经成了美国日常装饰图案的一种。你可以买到印有这幅画面的 T 恤衫、女装短上衣、咖啡杯、笔记本电脑封套和购物袋（其中有一些上面写着"胜利"的标语，另一些则写着"特朗普/王牌"[①]）。这种对性别暴力的常态化，可能需要一段时间才能充分理解，但如果你曾对女性被排除在权力之外这件事在多大程度上内嵌于我

---

① 英语里"特朗普"（Trump）的名字同时也有"王牌""胜过某人"的意思，并与"胜利"（triumph）的音形都很接近。

卡拉瓦乔的美杜莎头像频繁被用于"斩首"女性政治家。这里安吉拉·默克尔和希拉里·克林顿都有此等遭遇

这些纪念品让你不舒服了吗？2016年美国大选中特朗普的支持者有很多古典形象可以选择。但其他所有都比不上特朗普－珀尔修斯斩首克林顿－美杜莎这一幕们文化传统之中有所怀疑,或是不确定来自古典时代的那些描述和论证它的方式是否在今天还有恒久的效力,那么就请过目特朗普和克林顿(珀尔修斯和美杜莎)的案例,我的陈述到此为止。

当然,这个话题可不能就这样打住,因为我们还没提到可以就此做些什么事情。我们要怎样才能重新将女性置于权力之内呢?我认为,在这里我们需要区分个体的视角和群体的、宏观的视角。如果我们仔细审视某些"成功"的女性,就会发现她们的成功背后所使用的策略和战术绝非只是亦步亦趋地模仿男性的言谈和行为方式。为许多此类女性所共享的一个特征,就是她们有能力让那些通常被用来削弱女性权力的符号象征转而为自己所用。玛格丽特·撒切尔充分地利用了她的手袋——这个在性别刻板印象中最为女性化的服饰配件,在她手上摇身一变,成了一个展示政治魄力的动词:人们会说"to handbag"①。尽管层级和重要性完全不能与撒切尔相提并论,但我在第一次面试教职的时候,也做了类似的事情——想起来,当时恰逢撒切尔执政的全盛时期。我为面试专门准备了一双蓝色长袜②。这并不符合我平时的穿衣风格,但它传达了我想传达的逻辑:"如果你们这些面试者要觉得我是个正襟危坐的'蓝袜'女博士的话,那么看好了,我**知道**你们心里怎么想的,**而且**我是便是了,又怎么样?"

至于特雷莎·梅,现在对她下判断还为时过早。很有可能——这种可能性与日俱增——将来的我们会发现从一开始,她被推上权力顶峰并坐稳首相的交椅,就是为了去承担必然的失败的。(我要非常努力才能克制住自己,不将她与克吕泰涅斯特拉联系起来。)但是我在她对高跟鞋的刻意讲究中,也看到了她拒绝被草草塞进那

---

① 当年的媒体经常用于撒切尔的一个词,意思大致为"(她)在政治上或辩论中击倒别人"。
② "蓝色长袜"(bluestocking)是英语里对"古板严肃的女学究"稍带轻蔑的戏称。

玛格丽特·撒切尔"手袋"她的内阁大臣之一——不走运的肯尼思·贝克

个由男性特质定义的模板中的努力。和撒切尔一样，她也相当擅长开发传统的托利党男性权力网中的薄弱之处，并将其拿来为己所用。她不属于那些"精英俱乐部男孩"的世界，并不是那些知根知底的"小伙子"中的一分子，这个事实有时也会帮助她划分出属于自己的独立疆域。她从自己的局外人身份中获得了力量和自由。而且，她出了名地受不了"男式说教"（mansplaining）。

有很多女性都能向大家分享此类的视角和小策略。但我一直试图与之正面交锋的那些大的问题，并不是通过提供这些教大家"如何让实际存在的不平等为你所用"的小贴士就能解决的。我也不认为耐心等待会是个好主意，尽管积极、渐进的变化几乎一定会发生。实际上，考虑到这个国家的女性得到投票权也不过区区一百年的时间，我们完全有理由为了众多男男女女在20世纪所成功实现的诸多女性权益方面的革命性进步感到庆幸。但尽管如此，如果我前面关于深层文化结构将女性排除在权力之外的论述没错的话，渐进式的改善将会非常慢——至少，对我来说是太慢了。我们必须更多地反思权力的性质、目的，以及衡量权力的方式。换言之，如果我们认为女性并非完全在权力结构之内的话，那么需要被重新定义的当然是权力而非女性，不是么？

到目前为止，我在思考权力时，一直是沿着讨论此类问题的惯常进路：聚焦于全国和国际范围内的政治与政客——为了让讨论更全面，我们可能还要涉及首席执行官、著名记者、电视台总裁，等等。但这种讨论思路所提供的实际上是一个相当狭窄的权力定义，主要与公众眼里的声望（在某些例子里也可能是恶名）相关。它是一种传统意义上的"高端"权力，并和"玻璃天花板"一类的意象捆绑在一起。这类意象的问题是，它不仅有效地将女性置于权力之外，而且也将得到了权力的女性先驱刻画成某种已经大获成功的"女超人"，似乎要不是因为那一星半点残余的性别歧视，她们早就登上权力巅峰了。我不认为这一典范形象会得到大部分女性的认同，我们中的大多数尽管不打算去竞选美国总统，或是领导一个公司，也同样希望能够享有一部分权力。而且这也显然没有得到2016年美国总统大选中足够多的选民的认同。

即便我们只将目光专注于国民政治的高层领域,判断这个领域中女性的成功与否仍然是个棘手的问题。很多统计表格都为我们列出了各国立法部门中女性的占比。排在首位的是卢旺达,该国立法机构的成员中女性占比超过60%,而英国则以约30%排在接近五十名的位置。令人惊奇的是,沙特阿拉伯政治协商会议委员中女性的比例比美国国会中还要高。在面对这些数字的时候,我们很难不去为其中的一些感到失望,而赞美另一些,而且卢旺达战后女性地位的提升也的确因此得到了充分的关注。但我的确怀疑,某些国家的议会中女性占比很高这个事实,可能意味着议会并**不是**该国真正的实权之所在。

我同时也怀疑我们并没有想得很清楚,我们**为什么**希望有更多的女性进入议会。很多研究都关注了女性政治家在推进与女性权益相关的立法(如儿童抚育、同工同酬和家庭暴力等)中扮演的角色。比方说,福西特协会(Fawcett Society)

近期就向我们指出，威尔士国民议会中男女各半的性别比例，和"妇女议题"在其中被提出的次数之间存在联系。我当然很高兴看到儿童抚育等议题得到充分的重视，但我不确定的是，这些事情是否应该继续仅仅被视为"妇女议题"，以及提出这些议题是否就是我们希望更多的女性进入议会的主要原因。真正的原因应该是更基础的：无论是何种无意识机制导致了这一点，将女性始终排除在权力之外，都是巨大的不正义；而且无论是在技术、经济还是社会关怀领域，女性的才能无法得到充分发挥，对我们来说都是难以容忍的浪费。如果让女性分有权力，意味着立法机关中男性成员的数量必须减少——社会变化的过程中，有人有所得，就一定有人有所失——那么我可以问心无愧地欣然面对那些被淘汰出局的男人们。

但这么想，仍然是在将权力做"精英"式定义，认为它与公共声望、个人魅力即所谓的"领导气质"等密不可分，而且拥有权力者经常（尽管并不必然）是个家喻户晓的名人。同时这种定义也将权力理解得非常狭窄，认为它是一种只能被少数人——其中大部分是男性——拥有或使用的私有财产（珀尔修斯或特朗普炫示其长剑的形象精准地概括了其精髓）。在这种意义上，尽管某些个体女性也可以获得这种权力，但作为一个性别的女性依其定义，就是被排除在外的。你无法将女性轻易置于一个已经被男性化编码的架构里，你必须改变架构本身。而改变架构本身就意味着以全然不同的方式来思考权力；意味着将权力的定义与公共声望切割开来；意味着从协同运作（collaborative）的角度去思考，更多地去考虑追随者而非领袖的力量；意味着将权力当作一种属性，甚至是一个动词（to power），而非某人的私有财产。我所构想的权力的新定义，是一种"产生效用"、为世界带来某种改变的能力，以及被认真对待的权利——无论是作为个体还是作为一个整体。很多女性所渴望拥有而不可得的，恰恰是这样一种权力。尽管某些男性极其反感"男式说教"这个词，它作为一个概念仍然引发了如此广泛的共鸣，这是为什么？我们觉得这个词很妙,因为它精准地呈现出了很多人都有过的那种**不被严肃对待**的体验——譬如,我看到推特上有人试图给我上罗马史课时,就会产生类似的感觉。

那么,当我们思考权力的定义和功用,以及女性参与到权力之中的前景时,我们应该乐观地认为改变一定会到来吗?或许答案是肯定的,我们应该持谨慎的乐观态度。比方说,令我惊喜赞叹的一个事实是:近年来最富影响力的政治运动之一——"重视黑人生命"(Black Lives Matters)运动的三名发起人均为女性。可能很少有人能够说出其中每个人的名字,但她们三个的合力却以一种独出机杼的方式带来了切实的成效。

然而,总体上说,前景仍然颇为黯淡。距离颠覆那些将女性排除在外的、关于权力的奠基性叙事,我们还有很长的路要走;而像撒切尔利用她的手袋那样,将文化中的不利因素化为自己的武器也绝非容易。尽管从纯粹学术的角度出发,我反对将《吕西斯特拉忒》解读成一部关于"女

那些改变了世界的,并不一定是公众眼里的名人。很少有人知道"重视黑人生命"运动的三位女性发起者的名字:艾丽西亚·加尔扎(Alicia Garza)、帕特里斯·寇乐斯(Patrisse Cullors)和奥珀尔·特麦提(Opal Tometi)

孩力量"的戏码，但或许这种不够严谨的解读反而是我们在当今社会所**应该**选取的诠释方式。而且尽管在过去的五十年或更长的时间里，女性主义者曾大张旗鼓地尝试夺回对美杜莎故事的解读权，赋予其作为女性力量之象征的新含义（最近出版的一本关于此类尝试的论文集题为《和美杜莎**一起欢笑**》）——更不要说范思哲创造性地将其作为自己的品牌商标了——但这一切都无法阻止她的形象被用来实施针对女性政治家的人身攻击。

珀金斯·吉尔曼很精当地捕捉到了这些传统叙事的力量，尽管她的讲述形式具有奇幻色彩。她在《她乡》的续篇里，让范戴克决定带着特里回到我们的现实世界之中，一起回来的还有范戴克在她乡娶到的妻子埃拉多。这部续篇的标题就叫作《她来到了我们的世界》(*With Her in Our Land*)。实际上，我们的世界并没有给她留下什么好印象——部分原因是，她来访时正值第一次世界大战期间。在和特里分道扬镳之后没过多久，这对夫妇就决定回到她乡去。这时范戴

新近的一版《她来到了我们的世界》的封面设计，暗示着她乡女人可能以某种方式被男性权力主导的世界驯服

克和埃拉多正在等待他们的第一个孩子出世，而且——你或许已经猜到了——这部续篇的最后一句话是："不久，我们就生下了一个男孩。"珀金斯·吉尔曼一定充分意识到自己没有必要再继续写下去了。任何一个熟谙西方文学传统之逻辑的读者都能预料到，五十年后她乡的统治者将会是谁。那个男孩子，毫无疑问。

后　记

从演讲到成书——以及犯错误的权利

将演讲稿集结成书，永久性地确定下来，有时要面临许多问题。你需要在多大程度上退后一步，重新审视并打磨演讲中的论证？又要在多大程度上力图保留在演讲刚刚发表的时候，其中蕴藏着的冲劲和活力，甚至一些粗粝刺耳的元素？在这两篇讲稿付梓之前，我对它们做了一些非常微小的修改。本书的第一篇演讲发表于2014年，当时的美国总统还是贝拉克·奥巴马，特雷莎·梅的首相生涯在我于2017年做第二篇演讲之时，与现在的状况也不甚相似（而我在演讲中随口做出的猜测，即她被推到这个位置就是"为了去承担必然的失败的"，很可能比我当初想象的更具先见之明）。然而我抵制住了诱惑，没有

后 记

对讲稿的内容做更大幅度的改动,也没有试图进一步阐述那些当时在演讲中只是略微触及的话题。在将来,我很可能会更认真地去思考究竟该**如何**来重新设置我们关于"权力"的一些看法,让它们不再像现在这样将女性中的大多数排除在外。另外,我也想试着解构(经常被定义为男性化的)"领导才能"这个观念,现在从中学、大学到企业乃至政府等各类机构都相信这种能力是成功的不二法门。但这些需要另外找个日子来谈了。

关于我在本书中讨论的那种对女性的打压,如果你想找到更多近期的范例的话,网上很容易就能搜索到不少——要知道,想象力和言辞含蓄从不是"网络喷子"的长项,而推特上每一波大肆攻击的浪潮都与之前的那些没什么两样。不过,他们偶尔也有那么一两次,会说出或做出些值得从新的角度去分析的东西,或者提供一些可做新鲜比较的素材。在 2017 年的英国大选期间及其刚刚结束之后,我被两期灾难性的广播节目震惊了。这两期节目分别采访了工党议员戴安·阿伯特（Diane Abbott）和保守党政客鲍里斯·约翰逊（Boris Johnson）。在主持人质询阿伯特她的政党政策中关于警员招募的部分时，她被问了个措手不及，表现非常糟糕——甚至一度说出了一个荒唐的数据，这个数据如果为真的话，那么每位新警官所得到的年薪大概可能只有8英镑。而约翰逊在回答其新政府的一些政策性问题时，也表现出了程度与之相当的惊人无知：他似乎对其政党打算如何解决刑事司法领域中的种族歧视问题，或是如何确保不同种族能够得到平等的高等教育权利毫无头绪。为什么这两个人的采访节目会变成"车祸现场"，不是我在这里讨论的重点（阿伯特当时身体肯定不大舒服）。让我感到最为震惊的是，两人"车祸现场"造成的反响天差地别。

节目播出之后，阿伯特马上就成了众矢之的，一个巨大的笑柄，被揶揄为"弱智""傻瓜肥婆""脑子被门夹了"，以及许多更加过分的称号，其中还夹杂着许多种族主义的谩骂（她是英国在任时间最长的黑人议员）。如果我们采用

后 记

最委婉礼貌的方式解读的话,对她的攻击可以归结为一点:她完完全全不称职。而约翰逊的节目播出后,他也受到了很多批评,但这就完全是另外一种路数的了。人们更多地把他的采访理解成一种"公子哥儿"式的肆意任性:他本该更上心的,别总是满嘴"跑火车",得表现得更成熟老到一些。换言之,下次注意点。阿伯特的攻击者的意图则完全是想确保她得不到"下次"机会(最终他们还是失败了,因为后来她再次以更高比例的票数当选)。

无论你对阿伯特和约翰逊这两个人的个人看法如何,你都可以在二者待遇的对照中,看到明晃晃的双重标准。女性所面临的困境不仅仅是她们"更难成功",而且当她们搞砸了自己的工作时,也会遭到更严苛的对待。再想想希拉里·克林顿和她在邮件问题上的错误。如果让我现在从头开始写这本书的话,我会将更多的篇幅用来捍卫女人(至少是偶尔)**犯错误的权利**。

我不确定自己能否在古典世界中找到与这件事相似的案例。但这也值得高兴,并不是我们所做、所想的每件事,都能在古代希腊罗马人那里找到其根源;而我也常常觉得有必要坚持强调,当我们去古代史中寻找可供参考的经验教训时,一定要避免简单粗暴的归纳。我们并不需要去追溯当年罗马人在这个地区铩羽而归的历史,就能知道今天去干预阿富汗和伊拉克的局势可能不大明智。而西罗马帝国的"崩溃"对我们今天理解现代地缘政治来说,也没有太多的参考价值。不过话虽这样说,但更加专注地审视古希腊和罗马的过往,仍然有助于我们更好地理解自己是如何习得了目前的思维惯习的。

今天我们仍然有着充分的理由去欣赏荷马的《奥德赛》这部史诗,而如果我们阅读它仅仅因为要研究西方世界中厌女症的渊薮,无异于文化上的犯罪。这首诗的意涵之丰富远超我在这里能够列举的:它探讨了文明与"野蛮"的本质,"回乡",忠诚与归属。然而,即便如此——我希望我这本书清楚地阐明了这一点——特拉马库斯斥责他母亲佩涅罗珀胆敢在公众场合讲话这一幕,在 21 世纪的今天,仍然太过频繁地一再上演着。

后 记

从本书到 MeToo 运动[①]——以及关于强暴的思考

以上几页中的内容,就是本书第一版于 2017 年 9 月底下厂付印时的书末结语。当时 #MeToo 尚未成为全世界最受关注的话题标签;"哈维·韦恩斯坦"这个名字对绝大多数人来说,还只是个成功的电影制片人。而在《女性与权力》正式出版之后不久,强暴和性骚扰等议题就在公共领域得到了空前公开和深入的讨论。

一年过去了,我即将把这本书稿再次交付出版。就在几天前,克里斯汀·布莱兹·福特(Christine Blasey Ford)刚刚在美国参议院司法委员会面前,就提名布雷特·卡瓦诺(Brett Kavanaugh)为最高法院大法官一事提供了她有力而动人的证词。[②]当

[①] 在过去的一年里,世界各地的人都在互联网上使用 #MeToo("我也是")作为反对性侵害和性骚扰的话题标签。这一运动的发源地在美国,最初被一些明星用来指控电影制作人哈维·韦恩斯坦(Harvey Weinstein)的性侵行为。

[②] 2018 年 7 月初,刚刚被确认进入美国最高法院法官提名名单的卡瓦诺,遭到了来自帕洛阿尔托大学心理学教授克里斯汀·布莱兹·福特的指控,后者称卡瓦诺在高中时曾性侵自己,卡瓦诺则否认此事。事情发酵至 9 月 27 日,双方在参议院司法委员会前分别作证。

我写下这些字句之时,我们还不知道卡瓦诺的提名最终会不会被确认。①而且要在更整体的层面上对 MeToo 运动的长期影响盖棺定论,此刻还为时过早。我自己的感情在乐观和听天由命的悲观之间摇摆不定。我当然希望多年后人们回望 2017 年的秋天时,会将它看作一场社会和性别革命的开端。从影视界的"潜规则"到办公室复印机之后的"咸猪手",从纽约到内罗毕,MeToo 运动的精神都可能鼓舞女性不再对诸如此类的性侵害保持沉默。与此同样重要的是,这一运动也可以促进男性——当然,只是**一部分**男性——的觉醒,因为有许多男性在听闻这些控告的时候,也像绝大多数女性一样感到惊骇。它可能标志着一场文化的变革,让侵害者停止用好处去换取满足感寥寥的性行为中的一点点快感,停止将舌头伸进他人不情不愿的口中,停止将性当成权力带来的一种甜头。

然而,把一个话题标签转化成实际行动,要

---

① 在经历性侵听证会和联邦调查局的中途介入之后,卡瓦诺最终还是于 10 月 6 日以 50∶48 的票选结果进入了最高法院。

后 记

比我们所能想象的困难许多。心情低落的时候，我害怕最后当一切尘埃落定，我们回望 MeToo 运动的时候，看到的只是一场声势浩大的欢迎仪式，然而它所希望迎接的那个变化却从未真正发生过，哪怕事情会变得和过去有些不同。我说的不只是，我们将目睹这样一系列审判——在其中，收费昂贵的辩护律师们大展身手，确保无论是有罪还是无罪的被告人都毫发无伤地走出法庭。（我们绝对需要一个公正合宜的程序来回应来自受害人的各种各样的指控，但在现实中，全世界的法庭在"让有钱的男人逃脱制裁"一事上的记录都劣迹斑斑——任何人都无法漠视这两者之间的冲突。）

我要说的还有，在某些方面，MeToo 运动与我在这本书中所提论点的契合度高得令人不安。正如我曾试图去阐释的那样，从菲洛米拉（她将对强暴者的控诉织进了挂毯）开始，女人们就一直被允许获得有限的发声机会，至少可以一定程度上提出她们自己**作为女人**而受到的虐待。#MeToo 令人欣慰地发出了响亮的声音，有史以来第一次，这种声音传播到了地球的大多数角落，然而它仍然属于我上面提到过的那一类声音。更关键的是，女人们所承受的骚扰侵害的根源（以及她们之前一直对此保持沉默的根源）都确切无疑地深植于权力结构之中。如果是这样，那么唯一有效的解决办法，就是改变这些结构。截至2017年，顶级好莱坞电影的导演中女性的比例还不到10%，只要这一现状继续存在，电影工业中的成功之途就始终把控在男性手中，而女性关于其性别文化发出的声音——无论这些言论在当下造成了多大的声势——效果都将微乎其微。

在过去的12个月里，我经常赞颂那些敢于发声的女性所表现出的勇气，也不可避免地更加关注有关强暴和同意的议题，以及这些议题与《女性与权力》中讨论过的主题——具体来说就是叙事和故事的讲述——的关系。在本书的两个章节中，我试图展示出那些数千年来内在于西方文化中的故事（从特拉马库斯训斥佩涅罗珀到美杜莎的斩首）在定义女性、使她们沉默或削弱其话语分量的过程中，扮演着怎样重要的角色。

后 记

同时，我也尝试揭露女性在构建自己对事件的陈述（依旧参看菲洛米拉，或者莎士比亚《泰特斯·安德洛尼克斯》中的拉维尼亚）时所受到的限制。在 MeToo 运动的背景下，我更彻底地思考了我们是如何向自己叙述他人对我们所做的事情，以及我们自己所做之事的。人类经验中流变的短暂瞬间，是如何被转化为叙事并在公共的、政治的及个人的层面上被赋予恒久意义的？我无法克制地回想起自己的过去，想起 1978 年自己在从米兰到罗马的夜间火车上被强暴的经历，以及该事件在我的个人生活史叙事中所呈现出的不断变化的样貌。

事情大体上并不复杂。那时我还是个博士生，正打算去意大利做几个月的研究。行程已将近结束，只需要夜里在米兰换一班车就到了。我当时已经很疲倦了，还带了太多的行李，自己搬得很吃力，但我在车站的酒吧等待换乘时，还是非常想找人练习一下学到的一点点初级意大利语。在酒吧里，我和一个自称是建筑师且正在为那不勒斯城外的一座饼干工厂设计厂房的男人聊了一会。他观察到我精疲力竭的样子，就要走了我的票，说他可以给我换一个卧铺席位（我只买了张硬座票）。他一会就带着换到的票回来了，并且帮我把箱子和背包送上了车厢。

现在回头看这段经历时，我觉得自己应该能料到会发生这类事情，但当时我太困了，脑子不够清楚，没察觉他接下来的计划：他实际上给我买的是张一等车厢票，那是当年的一种特别豪华的卧铺车，每个车厢只有两个铺位。我们一进入车厢，他就脱掉了我的衣服，随即与我发生了性行为，之后爬上了双层床的上铺。列车快到罗马的时候我从睡梦中醒来，发现他又回到了我的床上。完事之后，他拜托乘务员给了我一杯咖啡，然后我被送到了罗马站的月台上。

在这整个过程中，我没有大叫、逃跑或是反抗。这部分是因为我当时太累了，并且看不到附近有什么安全可靠的人可以求助——卧铺车厢那个看上去很狡猾的乘务员显然不是个好选择——只希望这一切早点完事算了。另外，我还把宝贵的论文草稿和笔记分开装在了不同的

后　记

行李箱里（错误地相信了"不要把所有的鸡蛋放在一个篮子里"这条原则），于是要想快速脱身，就必须付出失去数个月工作成果的代价。我并没有在到达罗马之后报警，因为当时我敏锐地感觉到（现在我仍然觉得这种感觉可能是正确的），报警也没有什么用，特别是鉴于我身上并没有淤青和伤痕来证明自己曾与人搏斗过。另外，我也不能说这次经历给我造成了什么严重的心理创伤。在这一点上我很幸运。其他受害者可能会有不同的反应。我并没有因此而害怕在意大利坐火车，或是害怕夜间的车站，也没有从此拒绝吃意大利饼干——这最后一条是我经常讲给自己听的一个私人笑话。但我当时感到很愤怒，现在也仍然如此。在"同意"这个词的无论哪种可能的意义上，我都不能算是**同意**了那个人的行为（拜托，他第二次爬上我的床时我还在睡觉，根本不可能同意任何事情。）

这件事发生大概二十年后，我在一篇发表在《伦敦书评》上的文章里谈论了它，那篇文章旨在评论一本主要观点是"我们应该从演化生物学的视角来理解性方面的强迫（他竟然说，这是雄性用以最大化其繁殖成效的方法之一……）"的新书。谈论我自己的经历当然是在为我对这一观点的批判提供佐证，但同时我也在借这个机会将这二十年中自己关于此事的思考梳理和表达出来。其中我最感兴趣的是，在这一期间我向自己、也向他人多次讲过这个故事，而在不同的场合里，我叙述它的方式也略有不同。有时，我会像上文中那样，坚持说自己**被强暴**了，语气中带着这一被动语态所能显示出的所有的无力感。但在另外一些时候，我也完全能够向别人讲述，同时也让自己相信某种极为不同的"另一个版本的故事"。就像我在 2000 年曾经说过的那样：

> 其中的第一步是完全可以预料到的，让此事的性质从"强暴"滑向"勾引"：我既没有被蛮力控制，也没有受到胁迫；在那个车站酒吧里发生的无论什么事情，都只是一种"劝诱"，或是我有意识做出的选择。实际上，我到达罗马后一开始向朋友们讲述此

后　记

事的时候，就选择了这个经过委婉化处理的版本：我抱怨说自己在米兰被一个男人"泡到"（pick up）了，结果在火车上就跟他上了床，从头到尾没提"强暴"这个词。但同时我也发现，有时我自己甚至会在心里将这整个事件解读成自己性经验史的一部分，认为自己在其中扮演了一个远比实际上更自主、更清醒的角色：这是一场两个绝对陌生人之间的完美的"零度"性邂逅，它发生在一列行动的火车上（而非某个固定的地点），场景还是多少有些陌生和奇妙的（或至少会让人想起电影场景的）豪华卧铺车厢。在故事的这个版本里，如果有人勾引了另一个人的话，那个勾引者也应该是我——尽管我并不是有意识这样做的。整件事情都是我的一场胜利冒险。

从我写这篇文章时起又过了将近二十年，而性方面的社会风气与当时又是大不相同了。现在我再次回过头去阅读那些旨在为自己赋权的叙事，会同时感到骄傲和羞耻。我读了越多讲强暴的犯罪模式的文献，就越意识到那个"饼干厂建筑师"很可能就是个惯犯。我真的认为他那天所做的事情只是一次奉行机会主义的偶然行为，甚至是看到我之后的"一见钟情"吗？他那么熟练地调换我的车票，他和乘务员的关系也显得有种可疑的、同谋式的熟稔，这些都确定地显示出他做这种事情不是第一次，也不会是最后一次。但我也开始思索，他自己会如何向自己（或许还会向他的朋友）讲这个故事。他会像我有时也会做的那样，将这次肮脏而不体面的遭遇，在脑海中加工成一段扬扬得意的艳史吗？他在那天晚些时候的清晨到达那不勒斯之后，感到的会是心满意足，还是有些不安？再或者，他究竟会不会回过头来想这件事？如果他读到了**我的**故事，能在其中认出作为一个强奸犯出现的自己么？

关于在过去的一年里 MeToo 运动语境下曝光出来的一些行为，我也有着相似的问题。假设这些控诉都是真的，那么我想知道这些男人们是如何**向他们自己**解释他们自己的行为的。假设你

后 记

在某天早上的十分钟时间里,曾经将一个女人强推进宾馆套间的洗手间里进行侵犯,那么你回到家之后,先不说被侵害者,你会如何看待你自己呢?毫无疑问,有些人的确会给自己倒上一杯加奎宁水的杜松子酒,张开四肢躺下,满心洋溢着胜利和征服的喜悦感。但我的猜测是,他们中数量更多的人根本无法做到回过头来直面和思考自己行为的残忍和污秽,因而只能在脑海中重新加工这个事件,把它讲成一个能让自己感觉良好的新的故事:从某种版本的"我情不自禁,无法控制我自己"到"她心里其实求之不得呢",甚至是"我做了那么多事,这是我该得的奖赏"。

而这就是为什么我们必须更加关注那些受到控诉的男人们口中的叙事的原因。我绝无"需要给他们提供一个为自己辩解和脱罪的平台,让他们的声音压过受害者"这类意思(那正是特里格斯小姐的遭遇),也完全不希望他们逃脱惩罚。但除非我们听到了他们口中的故事,否则我们就没有机会去挑战和击败他们的叙事,也无法揭露这种叙事所建基于其上的、具有剥削性和腐蚀性的社会等级观念。在 #MeToo 的世界里，权力 / 力量（power）意味着很多事情。它当然意味着赋予女性无所畏惧地讲出她们自己的故事的力量，但它也标志着我们去挑战、去改变那些给了男人们托词以逃脱罪责的叙事的力量——让我们正视这一点吧，他们中的很多人可能是真心实意地相信这种叙事的。我们的目的当然不只是让有罪者得到惩罚，而且是要使他们这类自我服务的叙事策略完全失去其说服力，甚至使他们自己也无法这样被自己说服，这也是对未来来讲更为重要的一点。

我希望可以一劳永逸地，最后一次说出这句话——"她心里**丝毫都没有**暗暗渴望这件事，没有！"

2018 年 9 月

参考文献和延伸阅读

这里提到的所有古典文本都有译本(纸质版和在线电子版)。我们可以在 Loeb Classical Library(Harvard University Press)和 Perseus Digital Library(http://www.perseus.tufts.edu/hopper/)中轻松找到它们。"Penguin Classics"系列中的最新译本也很有用。

公共场域中的女性声音

特拉马库斯呵斥佩涅罗珀的一幕见于 Homer, *Odyssey* 1,325—364。阿里斯托芬那部"令人捧腹的"幻想作品是《公民妇女大会》(*Ecclesiazousai*,英译本名为 *Assemblywomen* 或 *Women in Power*)。伊娥的故事见 Ovid, *Metamorphoses* 1,587—641;

厄科的故事在 *Metamorphoses* 3，339—508。那位讨论过女性公共发言的罗马文选编纂者名叫瓦勒里乌斯·马克西穆斯，具体讨论内容见其 *Memorable Deeds and Sayings* 8，3。卢克丽霞演说最著名的一个文字版本来自 Livy，*History of Rome* 1，58。菲洛米拉的故事见 *Metamorphoses* 6，438—619。"公元 2 世纪的权威人士"指普鲁塔克，他在 *Advice to Bride and Groom* 31（= *Moralia* 142d）中提及了女性的声音。"擅于言辞的优秀的男子"这句罗马口号见于 Quintilian，*Handbook on Oratory* 12，1。亚里士多德在 *Generation of Animals* 5，7（786b—788b）与 *Physiognomics* 2（806b）中谈论了音调的意义。"金口"狄奥设想男人都用女人的声音说话的段落见 Dio Chrysostom，*Speech* 33，38。如果想进一步了解有关性别化的演说与沉默方面的内容，可以参考 *Making Silence Speak: Women's Voices in Greek Literature and Society*，edited by A. P. M. H. Lardinois and Laura McClure，（Princeton，2001）一书与 Maud W. Gleason，*Making Men: Sophists and Self-Presentation in Ancient Rome*

(Princeton，1995）。

伊丽莎白在提伯利的演讲的真实性被很多人质疑。Susan Frye 在 "The Myth of Elizabeth at Tilbury", *Sixteenth-Century Journal* 23（1992），95—114 中很有说服力地阐述了其值得怀疑之处（文中引用了完整的演讲文本，同时我们也可以在 http://www.bl.uk/learning/timeline/item102878.html 上读到）。索杰纳·特鲁思的生活经历，可以参见 Nell Irvin Painter, *Sojourner Truth: A Life, A Symbol*（New York，1997）；她的演说的各种版本可以在 http://wonderwombman.com/sojourner-truth-the-different-versions-of-aint-i-a-woman/ 上读到。提到的亨利·詹姆斯的散文作品为 "The Speech of American Women", *Henry James on Culture: Collected Essays on Politics and the American Social Scene*, edited by Pierre A.Walker（Lincoln and London，1999），58—81。关于那些与詹姆斯见解相似的引文，见 Richard Grant White, *Every-Day English*（Boston，1881），93 与 William Dean Howells, "Our Daily Speech",

Harper's Bazaar 1906，930—934，这两处引文由 Caroline Field Levander 在 *Voices of the Nation: Women and Public Speech in Nineteenth-Century American Literature and Culture*（Cambridge，1998）中讨论过。对线上骚扰的程度做出估计是众所周知地困难，其中一个永恒的难题是：我们无法确定被报告的次数与实际发生的次数间的关系。不过近期有一篇参考了大量文献的评述很有帮助，即 Ruth Lewis 与其合著者发表的"Online abuse of feminists as an emerging form of violence against women and girls"，*British Journal of Criminology*，发表时间为 2016 年 9 月，网址为 https://academic.oup.com/bjc/article-lookup/doi/10.1093/bjc/azw073。

富尔维亚对西塞罗头颅的暴力攻击见 Cassius Dio，*Roman History* 47，8，4。

参考文献和延伸阅读

女性与权力

克吕泰涅斯特拉被明确描述为 *androboulon* 的段落在 Aeschylus, *Agamemnon* 11。Adrienne Mayor 的 *The Amazons: Lives and Legends of Warrior Women across the Ancient World*（Princeton，2014）提供了一种不同的看待阿玛宗人的方式（不过我并没有被说服）。Greer 翻译的《吕西斯特拉忒》见 G. Greer and P. Wilmott, *Lysistrata: the Sex-Strike*（London, 1972），而 *Looking at Lysistrata: Eight Essays and a New Version of Aristophanes' Provocative Comedy*, edited by David Stuttard（London, 2010）为剧中提出的一些话题提供了很好的介绍。美杜莎的故事在古代世界的一个经典版本见 Ovid, *Metamorphoses*, 4, 753—803。试图再次开发这个故事的主要作品有：H. Cixous, "The Laugh of the Medusa", *Signs* 1（1976），875—893，以及 *Laughing with Medusa*, edited by Vando Zajko and Miriam Leonard（Oxford，2006）。一部很有价值的文集是 *The Medusa Reader*, edited by Marjorie

Garber and Nancy J. Vickers（New York and Abingdon, 2003）。福西特协会关于威尔士国民议会性别比例的观点在这个网址上有概述：https://humanrights.brightblue.org.uk/fawcett-society-written-evidence/（"在议会辩论中，62%的育儿议题由女性立法议员提出，74%的家庭暴力议题由女性议员提出，65%的同工同酬议题由女性议员提出"）。

后记

电影行业中女性从业者的数据见 Martha M. Lauzen, "The Celluloid Ceiling: Behind-the-Scenes Employment of Women on the Top 100, 250 and 500 Films of 2017", *The Celluloid Ceiling Report 2018*（http://womenintvfilm.sdsu.edu）。我在从米兰到罗马的火车上的经历见 *London Review of Books*, 24 August 2000, 34—35。

致　谢

构成本书的这两篇演讲的点子，最初是由《伦敦书评》的编辑，我的朋友玛丽－凯·威尔莫斯构想出来的，并且也是她约请我分别于2014年和2017年在大英博物馆进行这两次演讲，作为《伦敦书评》讲座系列的一部分。我衷心地感谢她和《伦敦书评》的其他工作人员，还有英国广播公司——他们在电视和电台上都转播了我的演讲（需要声明的是，所有我在电视节目里露面的尝试中，这次转播中的第一次演讲是已故的A.A.吉尔①唯一竟然喜欢的一次）。本书的出版也获得许多其他人的帮助。一如既往地，彼得·斯

---

①① A. A. Gill，英国撰稿人和评论作者。他曾攻击比尔德在主持《相约古罗马》(*Meet the Romans*，2012）时的外表，说她"完全不应该出现在镜头前面"。比尔德对此的回应是，吉尔"害怕那些聪明的女性"。

托瑟德慷慨地与我分享了他的专业知识（这次他在古典学与当代政治两方面都向我提供了帮助）；卡泰丽娜·图罗尼在与我共同完成另外一项完全不同的工作期间，就本书的最终稿和最后一部分文字帮了忙；我的家人们（罗宾、佐伊与拉斐尔·科马克）连续几周一直耐心地陪伴我一次次练习和彩排（另外，首先催促我去阅读《她乡》的也是拉斐尔）；戴比·惠特克是个不可或缺的伙伴；也感谢 Profile 出版社的所有员工，其中包括彭妮·丹尼尔、安德鲁·富兰克林和瓦伦蒂娜·赞卡，他们的慷慨、高效和耐心从没有改变过。我不禁回想起早在 20 世纪 80 年代，克洛艾·查德就和我一起撰写过一篇讨论"为什么女性在校园研讨会上很少发言"的文章，然而我们投了稿的机构中没有一个有意发表它。这里的很多论点可以追溯到当年与克洛艾的讨论中去。

不过我最应该感谢的还是海伦·莫拉莱斯，她是我之前在剑桥纽纳姆学院的同事，现在在加州大学圣芭芭拉分校做教授。我们在长长的跨国电话中一起讨论了有关女性的权力和声音——不限

致　谢

于古典世界——的话题。与她的谈话给了我很多灵感，例如是她唤起了我对美杜莎意象的兴趣。这本书是献给她的。

图书在版编目(CIP)数据

女性与权力：一份宣言 / (英) 玛丽·比尔德著；
刘漪译. -- 天津：天津人民出版社, 2018.12（2023.11重印）

书名原文: WOMEN & POWER
ISBN 978-7-201-14272-2

Ⅰ.①女… Ⅱ.①玛… ②刘… Ⅲ.①妇女问题—研究 Ⅳ.①C913.68

中国版本图书馆CIP数据核字(2018)第266624号

Copyright © Mary Beard Publications Ltd, 2017, 2018
Originally published in English, entitled WOMEN & POWER by Profile Books Ltd, London
This simplified Chinese edition published by Ginkgo (Beijing) Book Co., Ltd, 2018
本书简体中文版由银杏树下（北京）图书有限责任公司出版

著作权合同登记号：图字02-2018-365号

女性与权力：一份宣言
NVXING YU QUANLI: YI FEN XUANYAN

[英] 玛丽·比尔德 著；刘漪 译

出　　版	天津人民出版社	出 版 人	刘　庆
地　　址	天津市和平区西康路35号康岳大厦	邮政编码	300051
邮购电话	（022）23332469		
电子信箱	reader@tjrmcbs.com		
出版统筹	吴兴元	编辑统筹	张　鹏
责任编辑	金晓芸	特约编辑	韩　伟　吴　琼
营销推广	ONEBOOK	装帧制造	墨白空间·曾艺豪
印　　刷	天津雅图印刷有限公司	经　　销	新华书店经销
开　　本	720毫米×1000毫米　1/32	印　　张	4印张　插页8
字　　数	60千字		
版次印次	2018年12月第1版　2023年11月第6次印刷		
定　　价	45.00元		

后浪出版咨询(北京)有限责任公司　版权所有，侵权必究
投诉信箱：editor@hinabook.com　fawu@hinabook.com
未经许可，不得以任何方式复制或者抄袭本书部分或全部内容
本书若有印、装质量问题，请与本公司联系调换，电话010-64072833